DOMINA EL ARTE DEL LIDERAZGO

Los trucos para convertirte
en un líder inspirador

Por Bertrand de Witte

Traducido por Laura Bernal Martín

Coaching en50MINUTOS.es

EL LIDERAZGO

- **¿Problemática?** ¿Cómo convertirse en un líder ejemplar?
- **¿Utilidad?** Adquirir liderazgo permite sentirse plenamente realizado como líder, así como reforzar la motivación de los compañeros y lograr grandes objetivos.
- **¿Contexto profesional?** Gestión de equipos, gestión de empresas
- **¿Preguntas frecuentes?**
  - ¿Cuáles son las 12 cualidades esenciales del líder?
  - ¿Puede un gestor convertirse en líder?
  - ¿Puede un líder convertirse en gestor?
  - ¿Cómo construir la confianza en mi equipo?
  - ¿Cómo restaurar mi papel de líder si surgen juegos de poder en el seno de mi equipo?
  - ¿Ejercer liderazgo es manipular?
  - ¿Qué debe hacer un líder en una organización en la que no se valora el liderazgo?

El liderazgo se manifiesta en cuatro ámbitos principales: las empresas privadas, las asociaciones, la política y las fuerzas armadas. En este caso, nos centraremos en el liderazgo empresarial.

El liderazgo en el mundo profesional es una cualidad cuyo aprecio depende en gran medida de la cultura de la empresa. El liderazgo, cada vez más valorado, se inscribe hoy por hoy en las descripciones de funciones, en las evaluaciones anuales y en los programas de formación. Son numerosas las empresas que están desarrollando el liderazgo en el seno de su equipo de gestión. Los trabajadores ambiciosos intentan ejercer su propia influencia. El liderazgo es una ventaja para el jefe de equipo o para aquel que quiera acceder a este puesto.

> «No estoy aquí para ver lo que mis equipos producen, o si trabajan correctamente. Estoy aquí para asegurarme de que los trabajadores han entendido su misión, de que tienen los medios necesarios para tener éxito, de que la colaboración funciona, y de que pueden desarrollar sus talentos. Hacemos dos sondeos anuales para saber si los responsables son people managers y si los trabajadores siguen estando inspirados y motivados».
>
> Thierry Geerts – Country Manager – Google Bélgica-Luxemburgo.

Para evitar cometer errores que puedan ser perjudiciales para tu carrera profesional, este libro ofrece numerosos consejos, ilustrados por testimonios de expertos y de responsables de empresas muy variadas. Con estas herramientas podrás mejorar tus prácticas profesionales y tus competencias de líder, que se verán reforzadas y te guiarán hacia una carrera evolutiva y saludable. Te convertirán en un líder seguro de ti mismo y valorado por tu (futuro) equipo.

En este número tratamos las nociones esenciales para comprender el liderazgo tal como se presenta hoy en día en empresas. Comprenderás por qué el liderazgo es una ventaja competitiva, y cuál es la diferencia entre gestión y liderazgo. Más adelante, nos dedicaremos a identificar los aspectos que construyen a un líder y las competencias que están en juego. Finalmente, observaremos que existen distintos tipos de líderes y diferentes estilos de liderazgo y de gestión de equipos.

El resto del libro se destina a la puesta en práctica de estos elementos mediante consejos, preguntas y respuestas y, para concluir, la aplicación de un método para impulsar tu carrera profesional mediante la evolución de gestor de operaciones a mánager líder.

EL ABECÉ DEL LÍDER INSPIRADOR

Liderazgo y gestión

Es necesario realizar una pequeña aclaración sobre los papeles de líder y de gestor, que a menudo se confunden. La distinción entre gestión y liderazgo la establecieron, entre otros, Abraham Zaleznik (1976) y John P. Kotter (1999). ¿Qué dicen estos dos autores?

- La gestión es el empleo de la autoridad para gestionar recursos y limitaciones con el fin de producir bienes o servicios. Para ello, el gestor utilizará su autoridad formal, una autoridad que le otorga su jerarquía y que confirma la descripción de su función: ha recibido la confianza de sus superiores para ejercer determinadas tareas. El gestor se encarga de administrar la complejidad, organiza y controla. Transforma los problemas en soluciones. Plànifica y gestiona su equipo con vistas a corto y medio plazo. Se mueve en lo operativo, en el funcionamiento. En su reflexión, el gestor generalmente formula preguntas que comienzan por «Cómo».
- El liderazgo, en cambio, es la capacidad de ejercer una influencia para alcanzar objetivos. Un líder es capaz de entusiasmar a sus empleados para que se adhieran a una idea o a un proyecto, y de movilizarlos para lograr los objetivos fijados. Tiene una visión a largo plazo que comparte y en torno a la cual construye un equipo. El líder busca la respuesta de preguntas que empiezan a menudo

por «Por qué».

¿Gestor o líder?

GESTOR	LÍDER
Formal	**Informal**
• Le designa la jerarquía y se le impone al equipo • Tiene una autoridad formal • Está «por encima de» • Ha recibido un estatus oficial	• El equipo lo reconoce como tal • Su autoridad se basa en la influencia, en el carisma • Está «al lado de» • Toma una función, desempeña un papel
Administrador	**Visionario**
• Estructura • Organiza • Dirige • Transforma en operativo • Se mantiene racional • Controla • Planifica un proceso • Da ideas	• Orienta • Tiene una estrategia • Guía y hace la función de coach • Crea ruptura y estimula • Incita a la innovación • Delega • Busca resultados sorprendentes • Crea una cultura que favorece que surjan ideas propias
Buena voluntad	**Influencia**
• Se centra en las tareas • Desarrolla acciones • Utiliza al equipo • Inspira miedo • Enmarca y tolera	• Se centra en las personas • Desarrolla talentos • Da crédito al equipo • Genera entusiasmo • Apoya y comparte
Ordena	**Pide**
• Dice «yo» • Dice «venga»	• Dice «nosotros» • Dice «vamos»

Por consecuencia, demostrar liderazgo corresponde a un enfoque más emocional que en el caso de la gestión. El líder motiva a sus compañeros creando un sentimiento de pertenencia y mostrando su gratitud. También gestiona los cambios con habilidad enfrentándose a las incertidumbres.

Sus actos y sus gestos se convierten en ejemplos a seguir e inspiran a sus compañeros a creer en él y en ellos mismos. Expresa las cosas aportando significado y coherencia. Apetece seguirle porque genera confianza.

A pesar de todo, la línea que separa al gestor del líder sigue siendo bastante fina. Los grandes directivos superponen de forma natural sus competencias de gestores y su liderazgo. No pueden separar la una de la otra.

> «Antes que el término liderazgo prefiero el de dirigir, que reúne nociones relacionadas con la influencia, la relación, la escucha, la autoridad, la confianza, la creatividad, la coherencia entre actos y palabras, el sentido de equipo, la acción, la decisión y la reflexión.
>
> Por ello, segmentar las palabras al distinguir entre líder y gestor para mí no tiene ningún sentido. Como comandante de buque de guerra que pasa largas semanas en zonas de crisis internacional, he aprendido a dirigir, es decir, a ordenar desde el centro de la acción, cuando ya no hay tiempo para el diálogo, y a gestionar en los intervalos, cuando hay tiempo para la preparación y el desarrollo de la solidaridad de la tripulación. Lo que debe guiar los actos de un líder potencial es ante todo el contexto espacio-temporal en el que se encuentra».
>
> Almirante Olivier Lajous – exdirector de RR. HH. de la marina nacional francesa.

Liderazgo y cultura de empresa

Una persona con mucho liderazgo se desarrollará con mayor plenitud en una cultura de empresa que le deje un gran espacio a su creatividad.

De hecho, el liderazgo puede difícilmente ejercerse en una organización muy taylorizada, en la que el trabajo está dividido, las tareas son simples y repetitivas y los empleados están supervisados por un superior con poder coercitivo, en el seno de un sistema altamente directivo. El poder de decisión está centralizado en la cúspide de la jerarquía, lo que deja poco lugar a la toma de iniciativa. Si bien el trabajo en cadena simboliza este tipo de empresas, son numerosos los gestores que aún explotan el taylorismo en sus prácticas profesionales, tanto en los sectores industriales y comerciales como en la administración.

Por el contrario, las *start-up*, empresas llamadas ágiles o liberadas (Getz 2012), evolucionan teniendo en cuenta la inestabilidad y encontrando respuestas innovadoras con rapidez. En este tipo de modelo, la cultura de empresa valora la iniciativa y la innovación. El liderazgo es colaborativo, lo comparten equipos autónomos fieles a los valores y a la razón de ser de la organización.

Evidentemente, entre estos dos modelos opuestos se encuentran la mayor parte de las organizaciones, en las que el liderazgo se expresa de diversas formas. Al líder le interesa entonces encontrar un lugar que le ofrezca margen de acción y de creatividad.

El liderazgo, una ventaja competitiva

¿Posee competencias técnicas y/o de gestión? Si quiere

llegar más lejos también necesitará el liderazgo.

En un mundo en constante cambio, en el que la adaptación y la innovación significan una ventaja competitiva –o la supervivencia–, las empresas buscan más que nunca personalidades capaces de producir y de dirigir cambios estratégicos. Hoy en día, la globalización y las nuevas tecnologías nos obligan a todos, de una manera u otra, a replantearnos nuestros modelos de funcionamiento. El cambio se ha vuelto ineludible y su frecuencia es cada vez más regular. Para seguir siendo competitivo, la gestión no basta. Las organizaciones, en el sentido más amplio, necesitan hombres y mujeres dotados de creatividad, capaces de enfrentarse a la incertidumbre, de movilizar sus recursos y de darle sentido a las fases de transformación organizacional y/o de coyuntura desfavorable

EL LIDERAZGO EN NESTLÉ

Fruto de una innovación en 1866 y a fuerza de constantes adaptaciones, Nestlé se ha convertido en una empresa líder mundial en el sector agroalimentario, un ámbito particularmente inestable.

En 1997, Nestlé publica sus «Principios de dirección y liderazgo», la manifestación tangible de su cultura de empresa y que todo trabajador debe aplicar. La publicación precisa los valores, los criterios de evaluación del liderazgo, los principios y los compromisos de la dirección del grupo en materia de liderazgo.

Brevemente, los criterios son: compromiso personal, iniciativa, apoyo, motivación, curiosidad, innovación, adaptación e interculturalidad. De esta forma, la selección de candidatos internos para puestos de mayor responsabilidad dependería de la aplicación de estos criterios, así como de sus competencias profesionales, de su experiencia práctica y de su determinación para obtener resultados.

La formación continua permite que cada uno progrese y se desarrolle plenamente en función de su área de especialización y de sus competencias personales. Nestlé anima a su personal, en todos los niveles, a contribuir al desarrollo de la empresa aportando «mejoras que incrementen los resultados de la empresa y el desarrollo personal».

¿ERES UN LÍDER POTENCIAL?

Un verdadero líder puede identificarse mediante cuatro componentes: su papel en un grupo, su visión, su energía y sus competencias y talentos.

Papel en un grupo

Como líder, tomas de forma natural la iniciativa, es decir, diriges al grupo. Eres capaz de animarlo mediante la introducción de innovación. Asimismo, logras desestructurar los elementos establecidos y habituales y al mismo tiempo organizar nuevas estructuras haciéndolas lo más legítimas posible. En este punto, tu objetivo es lograr la participación de los miembros del grupo en un proceso de cambio reconfortándolos. Incitas el paso de una zona de confort (a veces bien establecida) a una nueva zona que se estima necesaria. Te preocupa que el grupo atraviese el bosque pasando de rama en rama. Y si hay una pérdida, te encargas de animar al grupo hasta que todos estén convencidos de que es necesario continuar con el proceso.

Visión

Demuestras tu liderazgo cuando hay una crisis, un objetivo importante que hay que alcanzar o algo que quieres superar. El liderazgo se desarrolla cuando en un contexto existe un desafío. Has identificado lo que está en juego, sientes que te afecta y que es más fuerte que tú: te sientes obligado a implicarte. Gandhi, Luther King y Mandela son líderes mundialmente conocidos por haber llevado a cabo una larga lucha no violenta contra la injusticia y el racismo.

Energía

Toda la organización sabe de tu carisma. Piensa en tu popularidad: ¿cuáles son las acciones y los elementos distintivos que han contribuido a que se forje tu reputación? Cada momento y cada una de tus particularidades construyen tu energía de liderazgo. Sorprende tanto tu rendimiento como tus costumbres y tus contrastes. Algunos ejemplos ilustres: las sucesivas batallas de Napoleón, el célebre *«Je vous ai compris»* de Charles de Gaulle, los emblemáticos puros de Churchill y de Fidel Castro. Todos podemos contar una historia, un éxito e identificar las singularidades de un gran líder mundialmente conocido y de un líder en el mundo del trabajo, porque su energía es impactante.

Competencias y talentos

Tu éxito no se puede separar de la demostración de tus capacidades. Se te considera talentoso y competente, independientemente del ámbito en el que se exprese esta competencia. Asimismo, tienes la capacidad de rodearte de personas con competencias complementarias. Tu habilidad inspira a los que te rodean y te garantiza una gran credibilidad. Hoy en día, podemos citar a grandes innovadores en el ámbito de las nuevas tecnologías: Steve Jobs (Apple), Larry Page (Google), Richard Branson (Virgin Group), Ingvar Kamprad (Ikea), Taiichi Ōno (Toyota Production System), etc.

COMPETENCIAS PROFESIONALES Y PERSONALES

El líder debe poseer competencias profesionales y personales (Kouzes y Posner 2012).

- Competencias profesionales
  - El líder muestra el camino, es decir, explica con claridad la finalidad del viaje: el ideal que hay que alcanzar y los valores que hay que defender.
  - Inspira una visión compartida. Manifiesta sus grandes aspiraciones y responde a la pregunta: «¿En qué queremos convertirnos?».
  - El líder intenta explicar la situación actual y expresar las cosas de forma estructurada para identificar las oportunidades que hay que

aprovechar. Elabora una táctica.
- ○ Desarrolla las condiciones favorables al éxito. Anima. Siempre se muestra positivo: es el coach que aconseja y que da confianza.
- ○ El líder también se pone manos a la obra, sobre todo en los momentos difíciles. Explica que todas las tareas son necesarias para alcanzar el objetivo establecido y trabaja duro para animar. La ejemplaridad lo distingue de sus seguidores.

- • Competencias personales
  - ○ El líder tiene poder, tanto sobre los demás, a los que influye, como sobre la organización, en la que es uno de los actores principales de innovación y de gestión de personal.
  - ○ Es auténtico, porque cree en lo que hace. Además, un líder que no se mantiene fiel a sus valores se ve rápidamente desenmascarado y pierde credibilidad.
  - ○ Es legítimo, porque tiene experiencia.
  - ○ Por su carisma, comprende, agrupa, motiva e influye en los demás. Demuestra una aguda inteligencia emocional.

LOS DIFERENTES TIPOS DE LIDERAZGO

Los ocho arquetipos del líder (Kets de Vries 2008)

Según Kets de Vries, el desarrollo del liderazgo puede tomar ocho rumbos. Esta tipología te permite situar tu estilo de liderazgo e identificar tus puntos fuertes y tus puntos débiles.

Estas distintas orientaciones son acumulativas pero, según las circunstancias de tu trayectoria, algunas serán más dominantes y otras más discretas. Para reforzar tu liderazgo tienes que trabajar en tus debilidades.

- **El líder constructor**: eres el arquitecto de un gran proyecto, de un plan colosal. Gran visionario, tus ambiciones pueden cambiar el mundo (incluso a nivel local) superando las esperanzas de tus coetáneos. Tu visión, a menudo humanista, se apoya en los valores.
- **El líder social**: tu objetivo es crear armonía a tu alrededor, reunir a las personas creando un vínculo entre ellas y tú. Haces que los miembros del grupo colaboren en torno a uno o varios proyectos. Al contrario que el líder constructor, no trabajas prioritariamente hacia un objetivo único.
- **El líder comunicador**: sin ser necesariamente un experto en retórica, sabes expresarte y llegar a la gente. Te sientes cómodo hablando en público y defendiendo tus ideas.
- **El líder estratega**: eres líder estratega si logras organizar diferentes métodos, adaptados a cada situación, para alcanzar tus objetivos a pesar de que haya elementos que quieran alterar tus planes. Eres capaz de influir y sacar provecho de las situaciones.
- **El líder catalizador**: demuestras liderazgo cuando te conviene. Para ti, se trata de un plus que puede aportarte un extra de desarrollo, de rendimiento y de poder.
- **El líder innovador**: tienes que crear, está en tu naturaleza. Exploras, descubres, pruebas, mejoras. Dominas la técnica de las cosas. Desbordas creatividad y sueñas con ser considerado un pionero.
- **El líder mánager/gestor**: tus competencias en gestión

operativa complementan tu capacidad de explotar tu creatividad y tu inteligencia emocional.

- **El líder entrenador o coach**: crees en las capacidades de cada uno e intentas desarrollar su potencial.

El liderazgo orientado (Blake y Mouton 1987)

Algunas personas se sienten más cómodas dirigiendo equipos, mientras que otras están más orientadas a la producción. A partir de estas dos orientaciones generales, es posible detectar cinco grandes tipos de gestión, que implican distintos estilos de liderazgo.

El liderazgo orientado

- **Autoritario**: te interesas mucho por la producción y poco por las relaciones humanas. Planificas, controlas y diriges interesándote sobre todo en los procesos y en los objetivos. Exiges una obediencia y castigas si las reglas no se han respetado.

- **Pasivo**: te interesas poco tanto por la producción como por las relaciones humanas, dejas en manos de tu equipo el poder de actuación y te contentas con los resultados. Crees que el grupo logrará encontrar las soluciones por autorregulación. De esta forma evitas las responsabilidades y logras beneficios sin comprometerte. Tu estilo de gestión se priva prácticamente de liderazgo: eres, de alguna forma, un antilíder.
- **Protector**: le das prioridad al buen entendimiento en el grupo. No te preocupas demasiado por la producción. No te gusta el control y prefieres gustarle a los demás al satisfacer sus necesidades.
- **Comprometido** (entre los ejes producción/relaciones humanas): negocias para obtener objetivos que son fáciles de alcanzar y mantienes un clima social lo más sano posible, prefiriendo la motivación a dar órdenes.
- **Motivador-Integrador**: te interesa tanto la producción como las relaciones sociales. Eres un líder completo porque, al favorecer un clima de confianza, logras el compromiso real de tu equipo para realizar los objetivos establecidos. Lo apoyas y le implicas en la toma de decisiones tanto a nivel operativo como en el control de los procesos.

> «En ING Bégica, lo importante no es solo lograr resultados comerciales. Se evalúa la forma en la que los trabajadores, al igual que los gestores, logran esos resultados, es decir, en base a su capacidad para ser responsables y autónomos, para colaborar y ayudar a los colegas, para tener una ventaja en materia de servicio al cliente.

Con el fin de inspirarle a los colaboradores la voluntad de vivir concretamente esta cultura empresarial, el papel de nuestros líderes resulta esencial. Son uno de los primeros vectores de esta dinámica positiva, porque su comportamiento ejemplar motiva a sus empleados.

Me cruzo con numerosos estilos de líderes distintos en la organización. Una de las cualidades esenciales es, bajo mi punto de vista, su entrega al desarrollo de la organización, y no a la realización de sus ambiciones personales; la confianza y la autonomía que ofrecen a sus trabajadores, su capacidad para ayudar de forma concreta y apoyar a sus equipos en caso de dificultades».

Catherine Dedobbeleer – Project Manager HR, Organizational Effectiveness – ING Bélgica

Guiar a un equipo hacia la autonomía

El nivel de rendimiento de tu grupo depende en gran parte de tu estilo de liderazgo. La teoría del liderazgo situacional (Hersey y Blanchard 1977) te ayudará a tomar las decisiones correctas en función de variables contextuales. Tu estilo de liderazgo debe adaptarse en función al nivel de madurez de la persona o del grupo con el fin de que cada persona pueda tener más autonomía. Por lo tanto, existen etapas en la madurez grupal y en tu liderazgo.

El liderazgo situacional

- **Estilo directivo.** Es el primer nivel. Diriges mediante explicaciones sobre lo que hay que hacer y cómo hay que hacerlo. Ofreces recursos y *feedback*. Hablas en términos de organización, de instrucción y de control.
- **Estilo persuasivo.** La confianza y la comunicación son mejores que en el caso precedente. Formas y persuades a tu equipo mediante datos y argumentos. Tus informaciones orientan al equipo al objetivo que hay que alcanzar. Participas en la demostración, en la convicción y en la movilización. No lo olvides: para convencer, no hay nada mejor que mostrar pruebas.
- **Estilo participativo.** Cuando tu equipo esté informado y listo para movilizarse, hazle participar en acciones y decisiones. Esta etapa te permite favorecer más la rela-

ción que la dirección y el control. Trabajas con el equipo y tendrás que negociar con él sobre el reparto de tus responsabilidades en la toma de decisiones. Entras en una fase en la que le das a tu equipo la capacidad de trabajar de forma independiente. Estás a la escucha, tanto para aconsejar como para negociar.

* **Estilo delegante.** Buscas transferir tus responsabilidades. La confianza mutua se ve reforzada en función de las experiencias positivas. Responsabilizas a tu equipo y le dejas margen de maniobra para que pueda actuar por iniciativa propia. Mantente atento a lo que has transmitido y déjale tomar riesgos. Para seguir teniendo el papel de jefe, tus equipos no deben estar totalmente implicados en las (grandes) decisiones. Los miembros de tu equipo valoran mucho la ayuda regular que aportas. En caso de dificultad, no pongas fin a la confianza y ten en cuenta que una parte de la responsabilidad es tuya.

«Desde su creación, contribuyo a la expansión de EXKI, primero en Bruselas, después en París, y actualmente en Nueva York. En cada implantación, mi papel ha sido formar rápidamente un equipo eficaz.

Gracias a mi trayectoria, he podido ver que dirigir a un equipo hacia la autonomía significa respaldar la responsabilidad de cada uno de sus miembros, empezando por el jefe de equipo. Es preciso aportar todo el apoyo necesario y retirarlo progresivamente siguiendo el ritmo de su toma de autonomía. De la misma forma, cada empleado tiene que comprender su misión y ser apoyado. A veces es difícil dirigirlo todo al mismo tiempo, pero cuando el equipo está estructurado, es responsable, cuando cada uno forma parte del éxito, entonces puedo marcharme y abrir nuevos mercados.

Para mí, la autonomía es un espacio de realización y de expresión, que ofrece tanto el derecho de estar orgulloso de los éxitos conseguidos como el derecho al error. Creo que de la autonomía nace la motivación, la creatividad y el entusiasmo».

Laurent Khan – CEO – EXKI NEW YORK

El liderazgo se desarrolla en función de las experiencias. Este no es innato, sino que se aprende. El gestor que quiere evolucionar en su carrera necesita desarrollar su liderazgo.

LOS MEJORES CONSEJOS

- Trabaja en tu **inteligencia emocional**: explórate a ti mismo para conocerte bien, medir bien tus esfuerzos y expresar mejor tus deseos; sé plenamente consciente de los demás, compréndelos y establece vínculos con ellos; controla y deshazte de tus impulsos y de los humores que alteren tu sensatez (por ejemplo, no manipules a otro y no sanciones cuando estás enfadado).

LA INTELIGENCIA EMOCIONAL

La inteligencia emocional se refiere a la capacidad de percibir las emociones propias y las de los demás, de comprenderlas y de dejar que se manifiesten. Entonces es posible regular las emociones propias, las de los demás y las de un grupo. Esta capacidad es una ventaja innegable en la vida empresarial.

- Ten una **visión** clara: ten en cuenta el futuro, piensa de forma global y colectiva, inspírate y transmite tu visión de las cosas. Transforma la complejidad una misión clara, positiva y ambiciosa, compuesta de etapas posibles y de recursos disponibles: haz simple y fácil lo que es complicado para incitar a las personas a unirse a tu causa.
- Suscita la **motivación** de tus trabajadores. Familiarízales con las tareas que hay que cumplir, anima la iniciativa y ofrece *feedback* constructivo, independientemente del resultado. Celebra los éxitos y diviértete, incluso en las

reuniones: de esta forma, reforzarás el sentimiento de pertenencia y el orgullo del grupo.

- Sé un **ejemplo** para tu entorno: haz lo que dices y cumple tus promesas; participa en las tareas del equipo y encuentra los desafíos; mantente competente y sigue desarrollando tus talentos. Ganarás confianza y credibilidad.
- Busca el **rendimiento** para liberar tiempo y recursos que podrías utilizar para seguir progresando.
- No tengas miedo al **cambio**: anticípate a él. Tomate el tiempo necesario para reflexionar y para buscar el consejo de tu entorno, y déjate convencer si el argumento es válido. Haz pruebas para innovar hasta encontrar mejores medios para alcanzar tus objetivos. Modifica tus procedimientos. Evoluciona sin dejar de ser fiel a ti mismo.
- Toma **riesgos**. Nadie consigue grandes cosas sin fracasar. Los líderes se distinguen por su capacidad para recuperarse: acepta tus errores y aprende de ellos.
- Desarrolla tu fuerza de **convicción**. Tienes que saber defender tu causa en todo momento. Utiliza tu talento de orador para animar, convencer, (in)formar, negociar, promover y defender tus ideas y a tu equipo. Por supuesto, adáptate a tu audiencia. Pon tu corazón y tu entusiasmo en tus palabras. ¡Brilla!
- No olvides que **comunicar** es, ante todo, escuchar las necesidades del otro. Asegúrate de que has entendido bien su punto de vista mediante reformulaciones.

PREGUNTAS FRECUENTES

¿CUÁLES SON LAS 12 CUALIDADES ESENCIALES DEL LÍDER?

- Integridad
- Entusiasmo
- Carisma
- Ejemplaridad
- Buena memoria
- Visión
- Comunicación
- Discernimiento
- Espíritu de decisión
- Capacidad de delegar
- Capacidad de destensar la atmósfera
- Capacidad de encontrar recursos y movilizarlos con eficiencia/eficacia

¿PUEDE UN GESTOR CONVERTIRSE EN LÍDER?

Existen gestores que no demuestran liderazgo y que hacen muy bien su trabajo. No les hace falta necesariamente el liderazgo. Pueden gestionar muy bien los equipos y las actividades que están bajo su responsabilidad sin aportar ideas innovadores, sin influir ni inspirar a sus empleados, tarea que dejan a sus superiores. Existen empresas que se contentan con gestores operativos que no buscan ejercer liderazgo.

Evidentemente, un gestor puede convertirse en un líder si

se toma el tiempo de detenerse en el lado emocional de la gestión de un equipo y si ejerce su aptitud para suscitar compromiso y entusiasmo en sus trabajadores. El liderazgo se trabaja, y quien lo desee puede desarrollar sus competencias de líder.

¿PUEDE UN LÍDER CONVERTIRSE EN GESTOR?

Sí, pero, atención, existen líderes incompetentes en materia de gestión. No cuentan necesariamente con el sentido de la operatividad, de lo concreto, de la organización del trabajo. Un líder puede destacar por su poder de influencia y de inspiración, y puede ser capaz de dar nuevas perspectivas a la empresa sin ser, sin embargo, capaz para estructurar el trabajo.

Ser gestor y tener capacidad de liderazgo son competencias complementarias, ya se repartan entre varias personas o se reúnan en una sola.

EL RINCÓN DEL EMPLEADOR

El liderazgo es esencial en una organización. Los líderes tienen que demostrar buen juicio, competencias, y deben contribuir al desarrollo de la organización.

No obstante, ten cuidado con los líderes incontrolables. Son muy carismáticos y convincentes, y a menudo pueden llevar a un equipo a zonas peligrosas. No se le puede dar total libertad a un jefe de equipo.

¿CÓMO CONSTRUIR LA CONFIANZA EN MI EQUIPO?

Es imposible dirigir a un equipo hacia un objetivo sin obtener su confianza. A continuación presentamos cinco dimensiones de la confianza que le interesará tener en cuenta (Schindler y Thomas 1993).

- Integridad: coherencia entre las palabras y los actos del líder.
- Competencia: aptitudes, conocimiento y capacidad de delegar.
- Coherencia: constancia en los actos y en el discernimiento del líder.
- Lealtad: fidelidad a la misión y exclusión de todo oportunismo por parte del líder.
- Apertura: posibilidad que tiene cada uno de expresarse sin efecto coercitivo.

«BLUE ANTIDOTE es una *start-up* que tiene como objetivo equipar la flota de responsables comerciales de las compañías farmacéuticas con ayuda de aplicaciones para iPad. Estas permiten a los vendedores transmitir mejor el valor de los productos de salud que ofrecen.

Como precursor del proyecto, me rodeé de expertos con perfiles especializados y complementarios para crear y lanzar un prototipo. Me interesé fundamentalmente en las competencias de cada uno, fueran farmacéuticas o relativas al *software developement*. El equipo se construyó entorno a un proyecto innovador.

Al principio, nuestras reuniones eran muy intensas y estaban colmadas de explicaciones. Fue necesario que todos comprendieran su misión. Mi papel era gestionar las orientaciones de cada uno. Para el proyecto, fue crucial instaurar la confianza en el equipo, con los clientes y con los socios. Era necesario demostrar que funcionaba.

La *start-up* creció al ritmo del *feedback* y de la mejora continua. Con el crecimiento de la *start-up*, cada miembro del equipo gana autonomía. Podremos desarrollar nuevos proyectos».

Augustin Terlinden – fundador – Blue Antidote

¿CÓMO RESTAURAR MI PAPEL DE LÍDER SI SURGEN JUEGOS DE PODER EN EL SENO DE MI EQUIPO?

Como responsable de un equipo formado por personalidades fuertes, puedes sentir que estás en dificultades. Identifica lo que necesitas para reposicionarte: ¿una formación, un coaching, apoyo jerárquico? Es evidente que atravesarás un camino identitario para reforzar tu liderazgo.

Para reestablecer una relación que al menos sea igualitaria, no dudes en hablar con tu responsable. Es al dirigente al que le corresponde ayudar a su equipo de gestión en un conflicto de liderazgo. No debe haber la menor duda de que la dirección apoya a sus jefes de equipos. Es fundamental. El empleador, incluso si está decidido a emplear su liderazgo, debe comprender que su gestor sigue siendo su jefe.

Ayúdale en su trabajo, pero rechaza su juego de influencia. También puedes invitarle a que solicite una función de mayor responsabilidad. La asertividad te ayudará. No le cortes las alas a un empleado que quiere crecer. Ayúdale a desarrollar un espíritu constructivo, empresarial. Haz que las ideas surjan en los talleres de inteligencia colectiva. Como dice Gibeault (2012), «el liderazgo compartido puede resultar muy rentable»[1].

¿EJERCER LIDERAZGO ES MANIPULAR?

El liderazgo no es manipulación. Un manipulador quiere alcanzar su propio objetivo ejerciendo una influencia, sin respetar la libertad de pensamiento de los demás. En cambio, el liderazgo es la capacidad de influir a los otros con el fin de que acepten movilizarse en nombre de una causa o de un objetivo, porque están de acuerdo con el mismo.

Las personas valoran legítimamente al líder. Al afirmarse, este no duda en transmitir sus deseos con convicción, pero sin agresividad. El líder está a la escucha, acepta que existen opiniones distintas a la suya. Intenta gestionar los conflictos y puede ejercer su poder de negociación para encontrar una relación en la que todos ganen.

¿QUÉ DEBE HACER UN LÍDER EN UNA ORGANIZACIÓN EN LA QUE NO SE VALORA EL LIDERAZGO?

Comienza por tomar perspectiva planteándote las preguntas adecuadas: ¿aceptas tu misión y los valores de tu empresa? ¿Participas de manera responsable? ¿Tu tipo de

---

1. Cita traducida por 50Minutos.es

liderazgo se ajusta a lo que la organización espera de ti? ¿Existe una confianza recíproca? ¿No te falta experiencia?

Trabaja en el desarrollo de tus competencias profesionales y personales lo máximo posible, y si no se abre ninguna puerta, si no te sientes plenamente realizado en tu trabajo, sin duda sería preferible encontrar una empresa que se corresponda mejor con tu personalidad. ¿Por qué no crear entonces tu propio trabajo?

¡AHORA ES TU TURNO!

Este es un método compuesto por seis etapas y por consejos que le ayudarán a desarrollar su carrera profesional en una empresa y a pasar de gestor a líder (Charan y Drotter 2011).

1. Uno no se convierte en gestor si no sabe en primer lugar gestionarse a sí mismo. Esto comienza por tomar perspectiva y examinar tus competencias personales y profesionales con vistas a mejorarlas. Descúbrete dirigiendo proyectos, pero no te quedes solo en el ámbito operativo. Plantéate a menudo las siguientes preguntas: «¿Por qué lo hago?», «¿Lo hago bien?» y «¿Cómo podría hacerlo mejor?».

QUÉ HACER

Iníciate en la gestión pasando de un papel de empleado a uno de gestor. Aprende a repartir las responsabilidades a cada uno de los miembros de tu equipo-proyecto.

2. La segunda etapa consiste en gestionar a los demás dándoles objetivos y medios. Aprende a evaluar a tu equipo, a dar *feedback* y a animarlos a que lo hagan mejor.

QUÉ HACER

Valora las dificultades y los recursos. Gestiona los juegos de poder (grupo de influencia y coaliciones).

3. Si aprendes a administrar a gestores habrás dado un gran paso. Abandonas lo operativo y abrazas un papel funcional. Aprendes a dar objetivos alejados del terreno y a gestionar una relación entre responsables de equipo. Tu liderazgo se pondrá a prueba.

Qué hacer

Refuerza tus relaciones sociales, oriéntate hacia la gestión financiera y el reporting.

4. Conviértete en un buen gestor funcional asumiendo la responsabilidad de un servicio. Consolida tus competencias de gestor de personal y de presupuestos sobresaliendo en la gestión de las estrategias determinadas.

Qué hacer

Comprende totalmente a tu entorno. Establece un punto de vista. Guía a tu equipo hacia un nivel superior desarrollando los talentos de tus empleados. Encuentra recursos suplementarios y procesos rentables. Transforma a tu equipo en un equipo de ensueño, proactivo y listo para seguirte. Todo se basa en la confianza mutua que habrás co-construido.

5. A continuación, eres el gestor de una división. Demuestra tu capacidad para gestionar al mismo tiempo varias organizaciones. Conviértete en un actor estratégico más importante aún.

<u>**QUÉ HACER**</u>

Mantente fiel a ti mismo, a tu visión y a tus valores. Toma perspectiva para mantener tus relaciones sociales, tanto profesionales como personales, para gestionar el estrés y para mantener viva tu visión. Estate atento a grandes desafíos y a cuestiones éticas.

6. Finalmente, el director. Basando en la confianza, tu liderazgo le da a tu equipo de gestión la tarea de hacer que la empresa funcione. Tu papel es ofrecer importantes orientaciones guiadas por tu visión y por tus valores, conocidos por tu equipo.

<u>**QUÉ HACER**</u>

Mantén una comunicación clara y fiel a tus principios, sé optimista y dedica tiempo y energía para apoyar a tus trabajadores en los cambios que hay que llevar a cabo. Estate atento a tu entorno y, si es necesario, estate listo para cambiarlo todo, algo que será posible al haber construido una red de cooperación lista para movilizarse por tu visión.

Una carrera profesional se construye con la experiencia. Solo se puede adquirir más liderazgo si se abandona la zona de confort para probar nuevos desafíos que implican siempre más responsabilidades.

PARA IR MÁS ALLÁ

FUENTES BIBLIOGRÁFICAS

- Bar-On, Reuven. 2006. "The Bar-On model of emotio-nal-social intelligence (ESI)". *Psicothema*, 18, supl., 13-25.
- Blake, Robert y Jane Mouton. 1987. *La troisième dimension du management*. París: Éditions d'Organisation.
- Charan, Ram, Stephen Drotter y James Noel. 2011. *The Leadership Pipeline: How to Build the Leadership Powered Company*. San Francisco: Jossey-Bass.
- Departamento de RR. HH. de Nestlé. 2009. *Les principes de gestion et de "leadership" chez Nestlé*. Vevey: Nestlé. Consultado el 2 de diciembre de 2016. http://www.nestle.ch/asset-library/documents/jobs/managementleadershp_fr.pdf
- Getz, Isaac y Brain M. Carney. 2012. *Liberté & Cie: Quand la liberté des salariés fait le bonheur des entreprises*. París: Fayard.
- Gibeault, Diane. 2012. "Forum Ouvert – Incitation au leadership partagé et à la responsabilisation". *Livre Blanc sur le Forum Ouvert*, 13-17. París: Christine Koehler. Consultado el 2 de diciembre de 2016. http://www.forum-ouvert.fr
- Hersey, Paul y Kenneth H. Blanchard. 1977. *Management of Organizational Behavior: Utilizing Human Resources*. Englewood Cliffs (Nueva Jersey): Prentice Hall.
- Kotter, John P. 1999. "Qu'est-ce que le leadership?". *Harvard Business Review. Le leadership*, 40-61. París: Éditions d'Organisation.
- Kouzes, James M. y Barry Posner. 2012. *The leadership*

Challenge: How to make extraordinary things happen in Organizations, 5.ª edición. San Francisco: Jossey-Bass.
- Schindler, Paul L. y Cher C. Thomas. 1993. "The structure of interpersonal trust in the workplace". *Psychological Reports*, vol. 73, n.º 2, 563–573.
- de Vries, Manfred F. R. Kets. 2008. "Archétypes de leadership et équipe de direction". *Gestion*, vol. 33, 48-60.
- Zaleznik, Abraham. 1999. "Managers et leaders, en quoi sont-ils différents?". *Harvard Business Review. Le leadership*, 62-87. París: Éditions d'Organisation.

FUENTES COMPLEMENTARIAS

- Cherret de la Boissiere, Anne. 2009. *Leadership au masculin et au féminin. Le management aux valeurs mixtes: l'avenir de l'entreprise.* París: Dunod.
- Deering, Anne y Dilts Robert. 2009. *Alpha Leadership. Les 3 A: Anticiper, Aligner, Agir.* Lovaina la Nueva/París: De Boeck.
- Duluc, Alain. 2013. *Leadership et confiance. Jouer collectif, parler vrai, être humain.* 3.ª edición. París: Dunod.
- Kotsou, Ilios. 2012. *Intelligence émotionnelle et management: Comprendre et utiliser la force des émotions.* Lovaina la Nueva/París: De Boeck.
- Maxwell, John-C. 2004. *Leadership, 101 principes de base. Ce que tout leader devrait savoir.* Quebec: Un monde différent.
- Robert, Dilts. 2009. *Leadership visionnaire. Outils et compétences pour réussir le changement par la PNL.* Lovaina la Nueva/París: De Boeck.

- Testa, Jean-Pierre, Jérôme Lafargue y Virginie Tilhet-Coartet. 2013. *La Boîte à outils du Leadership.* París: Dunod.